Un livre de la collection
Les branches de Crabtree

B. Keith Davidson

Soutien de l'école à la maison pour les parents, les gardiens et les enseignants

Ce livre très intéressant est conçu pour motiver les élèves en difficulté d'apprentissage grâce à des sujets captivants, tout en améliorant leur fluidité, leur vocabulaire et leur intérêt pour la lecture. Voici quelques questions et activités pour aider le lecteur ou la lectrice à développer ses capacités de compréhension.

Avant la lecture

- *De quoi ce livre parle-t-il?*
- *Qu'est-ce que je sais sur ce sujet?*
- *Qu'est-ce que je veux apprendre sur ce sujet?*
- *Pourquoi je lis ce livre?*

Pendant la lecture

- *Je me demande pourquoi...*
- *Je suis curieux de savoir...*
- *En quoi est-ce semblable à quelque chose que je sais déjà?*
- *Qu'est-ce que j'ai appris jusqu'à présent?*

Après la lecture

- *Qu'est-ce que l'auteur veut m'apprendre?*
- *Nomme quelques détails.*
- *Comment les photographies et les légendes m'aident-elles à mieux comprendre?*
- *Lis le livre à nouveau et cherche les mots de vocabulaire.*
- *Ai-je d'autres questions?*

Activités complémentaires

- *Quelle est ta section préférée de ce livre? Rédige un paragraphe à ce sujet.*
- *Fais un dessin représentant l'information que tu as préférée dans ce livre.*

TABLE DES MATIÈRES

LE JEU

Le hockey est un jeu joué avec du caoutchouc sur de la glace, deux matières très imprévisibles. L'idée principale du jeu est simple : mettre la rondelle dans le filet. La tâche n'est pas si facile. Les joueurs doivent toujours savoir où se trouve la rondelle, où ils se trouvent eux-mêmes et tous les autres joueurs sur la patinoire.

FAIT AMUSANT

Le hockey est un mélange de jeux européens de bâton et de balle comme le hurley et le shinny, avec des jeux amérindiens comme la crosse et le tooadijik.

La première partie de hockey intérieure a eu lieu à Montréal le 3 mars 1875.

Les Sabres de Buffalo et le Wild du Minnesota s'échauffent sur la patinoire avant une partie.

ALLUMER LA LUMIÈRE

Rien ne rend un joueur plus heureux que voir la lumière de but rouge s'allumer. Cela signifie que son équipe a marqué un but.

Wayne Gretzky

Sidney Crosby

Personne n'a allumé cette ampoule plus souvent que Wayne Gretzky, avec 894 buts en carrière. Il y a eu plusieurs buts célèbres au fil des années, comme le But d'or de Sidney Crosby. Il a assuré la médaille d'or au Canada aux Jeux olympiques de 2002.

FAIT AMUSANT

M. 7e partie, Justin Williams, s'est vu décerner ce titre après avoir marqué 15 points en neuf déplacements au cours de la septième partie décisive d'une série éliminatoire.

UNE VITESSE FULGURANTE

Les joueurs de la LNH atteignent des vitesses de 30 m/h (48 km/h) pendant les parties. C’est rapide pour un humain, mais la rondelle bouge encore plus vite, atteignant souvent des vitesses de plus de 93 m/h (150 km/h).

FAIT AMUSANT

Les rondelles sont conservées dans un congélateur, car les rondelles chaudes rebondissent sur la glace.

SUR L'ÉTANG

Le hockey a commencé à prendre sa forme actuelle sur les étangs. Il n'y avait pas de zone, de ligne rouge, ni d'arbitres. Bobby Orr attribue son style de jeu unique au hockey sur étang, tout comme le maître des prises de possession, Mark Stone.

Bobby Orr et l'ailier Wayne Cashman

L'ART DE LA MISE EN ÉCHEC

La mise en échec ne consiste pas simplement à traverser la patinoire à toute vitesse pour frapper quelqu'un. Elle nécessite de la finesse et des habiletés. Qu'il s'agisse d'une mise en échec avec la hanche qui fait tournoyer les joueurs sur la glace ou d'un coup direct d'épaule à épaule, il faut choisir le bon moment.

Chris Kelly, l'ailier des Bruins de Boston, met en échec l'ailier des Rangers de New York, Brandon Dubinsky, et le fait tomber.

Bryce Slavador des Devils du New Jersey met en échec l'ailier des Bruins de Boston, Shawn Thornton.

FAIT AMUSANT

Le record du nombre de minutes de pénalité au cours d'une partie est de 419 minutes, établi lorsque les Sénateurs d'Ottawa ont affronté les Flyers de Philadelphie, le 5 mars 2004.

JETER LES GANTS

Pour de nombreux partisans, une bataille est le moment le plus emballant d'une partie de hockey. Deux hommes imposants se tiennent face à face et échangent des coups jusqu'à ce que les juges de ligne les séparent. Cela peut sembler barbare, mais il y a un code d'honneur entre les participants d'un combat. L'objectif est d'envoyer un message à l'autre équipe et non de causer des blessures graves.

Dave Shultz détient le record du plus grand nombre de minutes de pénalité au cours d'une saison avec 472 minutes.

MASADOOR
ERDGAS
ADDITIVA
Back König
Danke
BAUER
HK
52

QU'EST-CE QU'UNE BEAUTÉ?

Avec une cicatrice ou quelques dents en moins, ces visages peuvent sembler horribles pour la plupart des gens, mais pour un joueur de hockey, ils sont beaux.

En anglais, le terme « beauty » (beauté) est utilisé pour décrire un équipier extraordinaire tant sur la patinoire qu'à l'extérieur. Jouant malgré la douleur et un grand risque de blessure, une beauté est un joueur de hockey qui fera tout pour gagner.

Tie Domi s'est battu 333 fois au cours de sa carrière dans la LNH, un record inégalé à ce jour.

LES ZÉBRÉS

Il est très probable que vous entendiez « Allez les zébrés! » dans un aréna. Les arbitres signalent les pénalités et décident ce qui compte comme un but. Les juges de ligne signalent les hors-jeu et les dégagements refusés. Une mauvaise décision peut changer complètement l'issue de la partie. C'est probablement pourquoi les partisans deviennent si furieux.

La plus longue partie de la LNH de tous les temps a eu lieu en 1936. Le temps de jeu a duré 116 minutes et 30 secondes. Le résultat final de la partie de six prolongations a été 1-0 pour les Red Wings de Detroit. Cependant, les longues parties ne sont pas uniques au passé. Le 11 août 2020, Brayden Point a marqué le point de la victoire pour le Lighting de Tampa Bay à 2-1 au cours de la cinquième période de prolongation.

FAIT AMUSANT

Le 23 mars 1952, Bill Mosienko a marqué trois buts en 21 secondes, établissant le record du tour du chapeau le plus rapide.

DANS LES BUTS

Aucune équipe ne peut espérer se rendre aux séries éliminatoires sans trouver un excellent gardien de but. Des gardiens comme Carey Price, Jordan Binnington et Marc-André Fleury sont reconnus pour porter leur équipe.

Marc-Andre Fleury

Carey Price

Pour gagner, il suffit de marquer plus de buts que l'autre équipe et la plupart du temps, cela repose sur les talents du gardien de but.

FAIT AMUSANT

Ben Scrivens a fait 59 arrêts le 29 janvier 2014; c'est le plus grand nombre d'arrêts au cours d'un blanchissage en saison régulière.

LA COUPE

Les séries éliminatoires de la LNH comprennent quatre rondes de sept parties épuisantes. Une équipe doit remporter 4 parties pour passer à l'étape suivante. Les coéquipiers sont solidaires malgré les blessures et les défaites déchirantes. S'ils parviennent à la victoire, leur prix est le trophée le plus connu de tous les sports : la Coupe Stanley.

FAIT AMUSANT

Chaque joueur de l'équipe gagnante peut avoir la Coupe Stanley pendant une journée complète, et certains ont fait des choses étranges avec le trophée. Elle a été perdue, lancée dans des rivières, mais certains veulent seulement s'en servir pour manger des céréales.

LA MERVEILLE
WAYNE GRETZKY

CARRIÈRE : 1979 À 1999

PARTIES JOUÉES	1 487
BUTS	894
PASSES DÉCISIVES	1 963
POINTS	2 857

TROPHÉES

10 trophées Art Ross
5 trophées Ted Lindsay
1 trophée Lester Patrick
9 trophées Hart
2 trophées Conn Smythe
5 trophées Lady Byng
4 Coupes Stanley

SID THE KID
SIDNEY CROSBY

CARRIÈRE : **2005 À PRÉSENTEMENT**

PARTIES JOUÉES	984
BUTS	462
PASSES DÉCISIVES	801
POINTS	1 263

TROPHÉES

1 trophée Mark Messier du leadership
2 trophées Art Ross
2 trophées Maurice Richard
3 trophées Ted Lindsay
2 trophées Hart
2 trophées Conn Smythe
3 Coupes Stanley

CONNOR MCDAVID

CARRIÈRE : **2015 À PRÉSENTEMENT**

PARTIES JOUÉES	351
BUTS	162
PASSES DÉCISIVES	307
POINTS	469

TROPHÉES

2 trophées Art Ross
2 trophées Ted Lindsay
1 trophée Hart

CAREY PRICE

CARRIÈRE : **2007 À PRÉSENTEMENT**

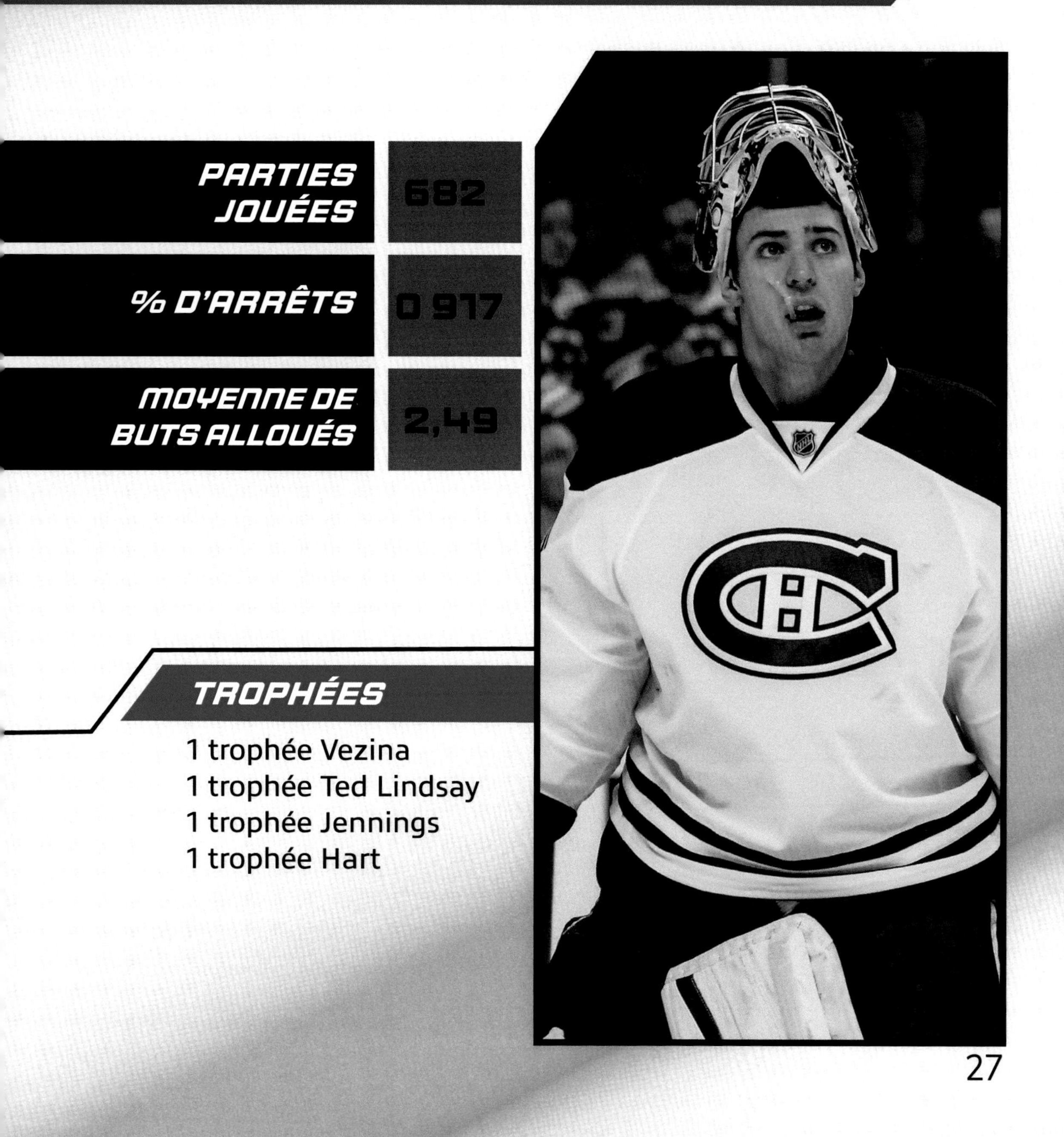

PARTIES JOUÉES	682
% D'ARRÊTS	0 917
MOYENNE DE BUTS ALLOUÉS	2,49

TROPHÉES

1 trophée Vezina
1 trophée Ted Lindsay
1 trophée Jennings
1 trophée Hart

LA LNH

C'est le rêve de tout jeune joueur de hockey de jouer un jour dans la LNH, d'affronter les meilleurs joueurs au monde et de jouer au jeu qu'ils adorent.

FAIT AMUSANT

Quand un joueur réussit un tour du chapeau, ou trois buts, les partisans lancent leur chapeau sur la patinoire. Qu'advient-il des chapeaux? Le joueur en choisit un ou deux et le reste est conservé au cas où les gens voudraient les ravoir. Après une semaine, les chapeaux sont donnés à un organisme de bienfaisance.

Officieusement, un tour du chapeau Gordie Howe est un but, une passe décisive et une bataille en une seule partie.

GLOSSAIRE

barbare (bar-bar) : Très cruel

Coupe Stanley (koup stann-lé) : Le trophée remis à la meilleure équipe de l'année

dégagements refusés (dé-ga-je-man re-fu-zé) : La rondelle se déplace d'avant la ligne du centre jusqu'à la ligne de but de l'autre équipe sans être touchée

hors-jeu (or-jeu) : Un joueur entre dans la zone de l'autre équipe sans la rondelle

ligne rouge (li-gne rou-je) : La ligne du centre de la patinoire

pénalités (pé-na-li-té) : Sanctions en sport, habituellement décidées par un arbitre

prises de possession (priz de po-ssè-ssion) : Voler la rondelle à un autre joueur

tour du chapeau (tour du cha-po) : Trois buts marqués par le même joueur au cours d'une partie

zone (zonn) : L'une des trois zones d'une patinoire de hockey : une zone pour chaque équipe et la zone centrale neutre

INDEX

FAITS INTÉRESSANTS

Zdeno Chara détient le record du lancer le plus rapide au monde. Son lancer frappé a été chronométré à 108,8 m/h (175 km/h.)

En 1979, Ron Hextall est devenu le premier gardien de but à marquer un but en lançant la rondelle dans un filet désert.

Est-ce que l'animosité court dans la famille? Les frères Dale et Tim Hunter ont tous deux cumulé plus de 3 000 minutes de pénalité; ils occupent les deuxième et huitième rangs de cette catégorie.

SITES WEB POUR D'AUTRES FAITS INTÉRESSANTS

Les sites Web sont en anglais seulement.

https://www.hockeycanada.ca/multimedia/kids/

https://facts.kiddle.co/Ice_hockey

http://howtohockey.com/

À PROPOS DE L'AUTEUR

B. Keith Davidson

B. Keith Davidson a grandi en jouant avec ses trois frères et une foule d'enfants du quartier. Il a appris la vie par les sports et l'activité physique. Il enseigne maintenant ces jeux à ses trois enfants.

Production : Blue Door Education pour Crabtree Publishing
Auteur : B. Keith Davidson
Conception : Jennifer Dydyk
Révision : Tracy Nelson Maurer
Correctrice : Ellen Rodger
Traduction : Annie Evearts
Coordinatrice à l'impression : Katherine Berti

Couverture : Photo du haut © Shutterstock.com/ Oleksii Sidorov, (joueurs) © Kathy Willens/ Associated Press, p. 4 : ©shutterstock.com/vkilikov, p. 5 : ©istock.com/bigjohn36 (haut), © Gale Verhague/ Dreamstime. com, p. 6 : ©Alexander Mirt| Dreamstime.com, p. 7 : Gretsky image © Håkan Dahlström https://cre-ativecommons.org/licenses/by-sa/3.0/ Sidney Crosby © VancityAllie.com/ CCAT2.0 www. creativecom-mons.org/licenses/by/2.0/deed.en, p. 8 : shutterstock.com/Eugene Onischenko, p. 9 : shutterstock. com/Christopher Bailey, p. 10-11 : LesPalenik / Shutterstock.com, p. 11 : © Jerry Coli| Dreamstime.com (médaillon), p. 12 : ©Jerry Coli| Dreamstime.com, p. 13 : ©Jerry Coli| Dreamstime. com, p. 14 : shutterstock. com/kovop58, p. 15 : ©Fahrner78| Dreamstime.com (haut), ©Scott Anderson| Dreamstime.com, p. 16 : © Albertshakirov| Dreamstime.com, p. 17 : ©Jerry Coli| Dreamstime.com (haut), ©Secondarywaltz/ CCA2.0 www.creativecommons.org/licenses/by/2.0/deed.en, p. 19 : Jai Agnish / Shutterstock.com, p. 20 : ©Jerry Coli| Dreamstime.com, p. 21 : ©Jerry Coli| Dreamstime.com (haut), ©Jerry Coli| Dreamstime. com, p. 23 : ©Meunierd| Dreamstime.com, p. 24 : © Håkan Dahlström https://creativecommons.org/ licenses/by-sa/3.0/ p. 25 : ©Jerry Coli| Dreamstime.com, p. 26 : ©Gints Ivuskans| Dreamstime.com, p. 27 : ©Jerry Coli| Dreamstime.com, p. 28 : ©Jerry Coli| Dreamstime.com, p. 29 : ©shutterstock.com/ Master1305.

Crabtree Publishing Company
www.crabtreebooks.com 1-800-387-7650

Publié aux États-Unis
Crabtree Publishing
347 Fifth Avenue
Suite 1402-145
New York, NY, 10016

Publié au Canada
Crabtree Publishing
616 Welland Ave.
St. Catharines, Ontario
L2M 5V6

Imprimé au Canada/082021/CPC

Catalogage avant publication de Bibliothèque et Archives Canada

Available at the Library and Archives Canada